Alle Titel
der Jubiläumsausgabe

1. Harte Zeiten (1963)
2. Ein Mann – ein Wort (1964)
3. Ohne Furcht und Tadel (1965)
4. Sieg und Niederlagen (1966)
5. Viel Feind, viel Ehr'! (1967)
6. Alle Mann an Bord (1968)
7. Auf geht's (1969)
8. Üb' immer Treu und Redlichkeit (1970)
9. Klar zum Entern! (1971)
10. Gut gegeben! (1972)
11. Eheglück (1974)
12. Bis zum letzten Mann (1975)
13. Trautes Heim (1976)
14. Auf zu neuen Taten (1977)
15. Wer rastet, der rostet (1978)
16. Ohne Schweiß kein Preis (1979)
17. Steter Tropfen höhlt den Stein (1980)
18. Eine Hand wäscht die andere (1981)
19. Auf sie mit Gebrüll! (1982)
20. Gut gekämpft ist halb gewonnen (1983)
21. Und bist du nicht willig (1984)
22. Auf Leben und Tod (1985)
23. Alles hat seinen Preis (1986)
24. Ein voller Bauch kämpft nicht gern (1988)

Eine Hand wäscht die andere

GOLDMANN VERLAG

Der Goldmann Verlag
ist ein Unternehmen der Verlagsgruppe Bertelsmann

Made in Germany · 1/93
Genehmigte Sonderausgabe
© KING FEATURES Syndicate Inc./Distr. Bulls
Umschlaggestaltung: Design Team München
Lektorat: Ge
Herstellung: Peter Papenbrok
Druck: Presse-Druck Augsburg
Verlagsnummer 7981
ISBN 3-442-7981-0

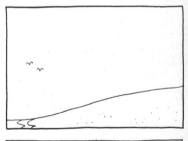

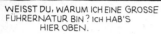

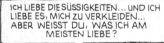

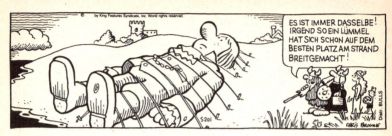

PUH! NACH SOLCH EINEM TAG KANN MICH **NICHTS** MEHR ÜBERRASCHEN!

HALLO, SCHATZ! WAS HAT DER DOKTOR GESAGT?

ER HAT MIR JEDE AUFREGUNG VERBOTEN.

WARUM BIST DU VERKLEIDET WIE'N KANINCHEN?

ICH WOLLTE NUR DEN KINDERN OSTERN ERKLÄREN. WIR WOLLEN OSTEREIER ANMALEN UND SIE VERSTECKEN.

DANN WOLLEN WIR EIER MIT UNSEREN NASEN ROLLEN. VON DEN SCHOKOLADENEIERN KANNST DU KEINS BEKOMMEN.

VIELLEICHT HABE ICH MICH NICHT KLAR GENUG AUSGEDRÜCKT.

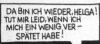